GIMMY GUILLAUME
TRANCHE D'UNE VIE

BIOGRAPHIE

A Loann, Camille et Lény,

Mes 3 arcs en ciel qui donnent de la couleur à ma vie.

SOMMAIRE

➢ EDITO

1. ENFANCE – PREMIERS EMOIS

2. ADOLESCENCE – POST ADOLESCENCE

3. DESTIN SENTIMENTAL

4. LA FAMILLE OU LE PILIER DE MON EXISTENCE

5. MA VIE AU PRESENT – LA GENESE DE MES AMBITIONS

➢ CONCLUSION - TEMOIGNAGES

EDITO

Une vie ou une partie de celle-ci est un passionnant roman avec ses moments de joie, ses moments de doutes. Le cheminement des étapes importantes de nos vies reste à jamais gravé dans nos têtes, sous le sceau qui laisse des empreintes indélébiles.

Chaque personne qui a croisé un jour ma route ou qui fait parti de mon entourage proche ou amical ont une vision plus ou moins précise de moi, mais à des degrés de réalités différentes.

Ce n'est pas une mise à nue, mais plutôt une exposition, un condensé de ma vie à travers un trésor d'expériences, de rencontres enrichissantes, d'anecdotes drôles ou émouvantes. Il faut partager tout ça. Car mes proches, en particulier ma descendance future, aimeront sans doutes s'imprégner de tout ce que j'ai vécu.

Enfin écrire ce livre a une certaine importance pour moi, car on peut le considérer comme une thérapie, comme un bilan d'une partie de ma vie, mais aussi parce que j'ai toujours voulu qu'on m'apprécie à ma juste valeur, qu'on m'aime pour ce que je suis, sur la sincérité de mon identité qui se dégage au plus profond de moi, et de redéfinir ce que je représente aux yeux de chacun.

1-MON ENFANCE
PREMIERS EMOIS

L'enfance peut-être considérée comme un laboratoire des premières expériences...plus ou moins fructueuses. Une ère de réjouissance et d'ouverture sur le monde qui nous entoure.

Souvent, je laisse aujourd'hui errer mes pensées sur cette période d'insouciance matinée de quelques moments de peine et de désordre intérieur. Des anecdotes s'entassent en masse et frétillent dans ma mémoire.

Dans un très lointain souvenir, j'ai en mémoire ces instants vers ma 5 ou 6ème année où j'avais tendance à jouer tout seul. J'avais la bonne idée ou le fâcheux goût de prendre les objets pour des êtres humains. Je n'ai pas souvenance que je leur parlais, mais par exemple quand je me cognais contre un barreau de chaise ou tout autre objet identifié ou non, je m'acharnais dessus à coup de poing ou coup de pied de la même manière que j'aurai pu le faire sur un de mes petits camarades dans la cour d'école.

Ah cette fameuse cours d'école !

J'en ai usé des genouillères de pantalons en tergal dans la cours bitumée de l'école Rabelais, à jouer aux billes avec mes potes Yahia et Ludovic. Mon passe temps favoris à la récré. Je dois aussi avouer que des fois, je m'égarais dans de douteuses parties d'élastiques avec les filles de ma classe ou peut-être, étais-ce dû au fait que je m'intéressai très fortement à une petite brune qui répondait au doux de prénom de Christelle. Mon premier amour d'enfance pourrait-on dire. Elle avait cette innocence dans le regard, un visage d'ange, la candeur à l'état pur !

J'étais comme transi quand elle se tenait en face de moi. Des années après, étant adulte, je pensais encore des fois à elle. Chose incroyable me direz-vous ?

Et bien non ! Le plus incroyable, c'est que le destin a fait que j'ai pu retrouver sa « trace » d'une certaine manière grâce au site « copains d'avant » que certains d'entre vous connaissent bien pour s'y être inscrit bien avant moi.

Comment allais-je redécouvrir cette petite fille devenue femme ? Lorsque je l'ai vu comme nouveau membre de ce site communautaire, mon visage s'est égayé tout à coup. Alors évidemment, quand j'ai vu qu'elle y avait laissé une photo dans son profil, je me suis précipité pour aller voir...voir la jolie Christelle R. 20 ans après. Et là...c'est le drame !

Mes sourcils se froncèrent, mes yeux s'étrécirent, mon visage se crispa. Christelle R. était devenue moche...mais alors vilainement repoussante. Une fille que j'imaginais comme la réincarnation d'Aphrodite, la déesse de la beauté. Et contre-pied de l'histoire, dans la mythologie, les grecs donnèrent pour époux à la plus belle des princesses le mari le plus laid : le dieu boiteux des forgerons.

Elle, Christelle était devenue à mon grand désenchantement une femme au physique d'une banalité affligeante. Le genre de fille dont la vue pourrait rendre un homme stérile.

Ah le couloir du temps est parfois cruel pour certains.

Mais l'école Rabelais c'est aussi la joie de découvrir de nouvelles activités telles que la course d'orientation : une activité de navigation avec une carte et une boussole qui se déroule généralement dans une forêt. On était par petits groupes de 5 ou 6. J'étais régulièrement dans le groupe de Sylvain, mon meilleur copain en CM2, dont je restais perplexe sur la faculté pour un gamin de 11 ans d'être fasciné à l'excès par Léonid BREJNEV qui était le président du présidium du soviet suprême de l'URSS à cette époque.

A mon avis, il est surement devenu un fervent militant du parti communiste pour un mouvement de dépassement de toutes les dominations dans une société fraternelle.

Je pense aussi à d'autres copains d'enfance, dont je me demande aujourd'hui quel festin leur a réservé le destin et s'il est bien digeste.

Je pense à la période 1977-1983 ; période des premiers copains dans une ZUP de Blois aux décors désenchanteurs des grands bâtiments gris d'un aspect ô combien sinistre et déprimant, mais, avec des copains fidèles qui rendaient notre existence ensoleillée :

Yahia, Saya, Nacira, Martine, Thérèse, Eddy, Miloude, dans ce brassage culturel et ethnique où se côtoyait de manière conviviale : algériens, marocains, portugais, une vrai connivence s'était installée, voir même une complicité amoureuse avec Thérèse la jolie portugaise.

Des fois, il m'arrivait qu'elle m'invite chez elle et qu'on joue à des jeux un peu louches dans sa chambre le soir dans le noir. Et c'est là sans doute que j'ai commencé à comprendre ce que pouvait procurer ses instants charnels sur une partie de mon anatomie. Mais en même temps, je culpabilisais un peu de délaisser mes potes Saya, Yahia et Miloude lors de leur partie de bille, de circuit dans le sable remporté le plus souvent par Yahia, mais que je soupçonnais quelques fois d'avoir triché, mais je préférais le couvrir pour ne pas semer la zizanie dans le groupe, et autres batifolages divers et variés auxquels on s'adonnait sur les longues étendues de jeux tout en m'enivrant de l'odeur de la pelouse fraichement coupée par la tondeuse de l'employé municipal.

Pour l'équité homme-femme, je m'adonnais à quelques parties de marelle avec martine, Nacira et Thérèse. En fait, soyons sérieux…l'équité homme-femme ou plutôt petit garçon-petite fille, je m'en foutais comme de mon premier caleçon à fleur. Je ne suis même pas sur de connaitre ce mot et encore moins sa signification à l'époque. Que diantre ! On n'est pas dans un gouvernement ministériel. Non, moi ce qui m'intéressait c'était d'être avec ma compagne de la « chambre noire »…et des plaisirs !

Une chambre noire qu'on aimait, mais alors très modérément, était la fameuse cave dans le sous-sol du bâtiment.

Il a une chose que n'ai jamais compris, et je le soupçonnais même des fois de le faire exprès, c'est que mon père se rendait compte toujours le soir qu'il n'avait pas sa bouteille de vin avant de dîner. Donc, Xavier, mon frère cadet et moi-même tremblaient sur notre chaise avant qu'il désigne d'une voix de stentor « l'heureux élu qui porterait le fardeau du soir.

Et comme souvent, dans ces cas là, la sentence sonnait comme un glas : « Gimmy aye chèché on bouteil di vin en cave là ban mwen »

Mon sang se glaçait, ma température corporelle perdait au moins 5 degrés d'un coup. Et quel choix à faire pour moi dans ces cas là, sachant que la sentence serait plus lourde si je m'aventurais à dire « non ».

Je m'armais de courage pour descendre d'un pas mesuré et lancinant les 3 étages. J'ouvrais la porte palière donnant sur la cave. Elle grinçait évidemment. Pas très rassurant déjà pour s'engager sur les escaliers poussiéreux. Le corps raide, le visage transi comme une statue grecque, je descendais les dernières marches à pas modérés. Ce qui est agaçant dans ces cas là, c'est qu'on entend toujours des petits bruits suspects qu'on n'entend jamais en plein jour. On se demande bien pourquoi...

Mystère de la nature ?

Mais ce qui est paradoxal, est que quand je revenais avec la fameuse bouteille d'élixir à base de raisins fermentés, pour moi c'était comme une victoire, arborant la bouteille de Gamay ou de Cabernay comme un trophée.

Et de temps en temps, pour savourer encore plus ma victoire, j'attendais que mes parents aillent se coucher pour en prendre un petit verre, après avoir préalablement jeter ma soupe dans le vide-ordure.

Comme les 3 quarts des gamins en culotte courtes, mon frère et moi-même ne raffolions pas de ce plat dont un léger filet apparaissait sur le dessus du breuvage devenu froid après des heures de conciliabules et d'ultimatum avec ma mère pour finir cette foutue soupe qu'elle prenait un malin plaisir à concocter lors des périodes hivernales. Sa « thèse » favorite qu'elle nous rabâchait sans cesse : « c'est que la soupe c'est bon pour les petits garçons qu'ils veulent grandir »

Et là, j'avais envie de lui répondre : « maman tu sais...grandir honnêtement c'est le dernier de mes soucis, si tu pouvais me faire un steak bien cuit avec des frites ce serait la perfection... ! »

Dans ces périodes de grand froid, je sortais aussi un peu moins. L'écran de télé de 3 chaines contrastant avec les 150 chaines qu'on a aujourd'hui se révélait être un excellent support pour les loisirs cathodiques. Je m'émerveillais devant les séries de mes héros préférés tels que : « l'homme qui valait 3 milliards », « Jacquou le

Croquant », « Wonder Woman », « l'Incroyable Hulk », « Zora la rousse » la sauvageonne au cœur pur, ou encore la géniale série japonaise « San ku Kaï ».

Les périodes d'été étaient plus réjouissantes avec les pique-niques dans la forêt de Blois, les week-ends à Troyes chez Georges R. dont la fille était comme une 205 : un sacré numéro !... Ou à Bezons, chaleureuse bourgade du Val d'Oise chez mon oncle Durcey, où on se faisait une joie de retrouver nos cousins William et David dont la passion favorite était de dévaliser le congélateur du sous-sol de tout ce qu'il contenait en bâtonnets de glace ou esquimaux à s'en faire péter la sous-ventrière.

Une fois, dans cette période estivale, où on s'était rendu à la Baule, ma mère avait eu le bon ou plutôt le mauvais gout de m'acheter une casquette pour se protéger du soleil. Le problème c'est qu'elle était rouge à fleurs. Outre le fait que j'avais l'impression d'être le fils spirituel du clown Zapata, où d'être l'égérie de la collection été du cirque Arlette Gruss, je ne supportais pas l'air efféminé qu'elle me donnait. Il me manquait plus que le micro pour avoir l'air d'un chanteur des années seventies.

Sinon, le reste de l'été, on le passait à « *La Maison Des Jeunes* », chacun dans son atelier, puis, je ramenais ces quelques babioles construites à la va-vite fièrement de mes mains. Donc pêle-mêle, il a eu le cendrier en terre cuite qui ne ressemblait à rien, ou peut-être à une empreinte d'éléphant. Mais le clou de la créativité, était ce fameux collier qu'on enfilait avec du maïs et des macaronis, agrémentés de quelques haricots rouges séchées. Des objets d'une monstruosité insupportable que ma mère ne se risquait pas à mettre à son cou. Mais, nos longues journées d'été paraissaient moins longues et c'était bien là l'essentiel.

« *La Maison Des Jeunes* » était notre « QG » juste en face du « *Sully* », un autre « QG », mais celui de mon père, un bar où ils se réunissaient avec ses potes Albert et Gabriel, et où les verres d'alcool s'animaient, s'entrechoquaient sur le zinc sans relâche, jusqu'à pas d'heure.

Mais le plus grand émerveillement était le retour aux sources. La famille avait plié bagages, meubles et équipements dans un container « Calberson », direction l'île aux belles eaux, direction ma Guadeloupe natale pendant l'été 1983.

La c'était un autre monde. Le contraste était saisissant. Temps ensoleillé, les grillons qui s'adonnaient à leur sérénade chaque soir.

Nous habitions à Pointe-Noire, une ville de charme, capital du bois. Elle est devenue le centre de l'éco-tourisme en Guadeloupe et un vrai lieu culturel, Composée de sections qui pourraient être sorties d'un recueil de poèmes. Citons par exemple : Gommier, Miaulan, Trou caverne, Thomy, Acomat et sa cascade mythique, Baille-Argent spécialisé dans la pêche…et la section au nom enchanteur où nous habitions : Beau-Soleil.

Un nouveau souffle de liberté insufflait ma soif de découverte, avec toute cette étendue verdoyante qui s'offrait à nous, avec des fruits qu'on découvrait pour la première fois : les quenettes, les tamarins des indes, les surettes, les corossols, etc. Lorsqu'on avait faim, on avait qu'à cueillir un fruit qui nous tendait les bras. Lors de la saison des mangues, avec Xavier, on se tenait une petite comptabilité avec chacun son cahier pour compter le nombre de mangues par variété ingurgitées, et on désignait le vainqueur ayant le meilleur total à la fin de la saison. Vu la quantité exagérée de ce fruit à la chair jaune, sucrée et parfois filandreuse qu'on mangeait chaque jour, je peux vous dire qu'on avait le plein de potassium, de vitamines et de calcium pour au moins un an !

Le changement était aussi radical en matière de gastronomie. Les poyos (communément appelés bananes vertes ou ti-nain) étaient légion dans nos assiettes en court-bouillon ou blaff agrémentés de poissons frais que ramenait très souvent mon père de ses pêches nocturnes.

Pendant 6 années restées là-bas (1983-1989), je me suis vraiment imprégné de la richesse de notre patrimoine culturel et historique. D'une certaine manière, et sans exagération, j'avoue avoir redécouvert ma vrai identité, imprimée à l'encre indélébile au plus profond de moi...au plus profond de mon âme.

Le dance-all qu'affectionne beaucoup la nouvelle génération n'arrivait pas encore à nos tympans à cette époque. Mais, nos journées étaient rythmées par Eric Brouta, Francky Vincent, Tania Saint-Val qui avait tourné un clip dans mon lycée à Basse-Terre (le lycée Gerville Réache), et également le groupe champagne formé par Victor Delver et Frédéric Caracas.

J'étais très attristé lorsqu'arrivé sur l'île, mon père vendit la *Datsun*, une berline coréenne verte métallisée qui avait son charme. J'y étais vraiment très attaché. Ma déception mise à nue se rhabilla illico quand elle fut remplacée par sa 504 Peugeot flambant neuve. Ce pick-up bâché forcément moins glamour, faisait en revanche plus couleur locale. Le sacrifice en valait peut-être le coup. Ce côté ludique et cette impression de liberté étaient incomparable lorsqu'on se mettait à l'arrière pour se rendre à la plage de Petit-Anse ou Leroux, ou lorsqu'on allait faire nos course trimestrielle à Jarry Cash. Lieux hautement symbolique pour nous, à peine arrivée, j'avais les yeux écarquillés, lorsque je les voyais se doter d'un chariot, dont la taille dépassait presque la superficie de mon premier studio.

Afin de charger des sacs en gites de riz de 50 kg, des cartons d'huile de 6 unités, des pots de lait en poudre « Laicran » en fer blanc de 5 kg, que je mangeai à même le pot à la maison lorsqu'ils étaient tous occupés à regarder « Santa Barbara ».

Le contraste était saisissant avec l'Intermarché « Bel aire » de la ZUP. Là, avec 4 articles, tu remplissais ton chariot. Après réflexion, je me disais que l'intérêt pour le pick-up prenait tous son sens, surtout quand on travaille dans le bâtiment comme mon père et qu'il y a des matériaux à transporter. Car, il en a vu passer des sacs de ciment, du gravier, du sable, des planches de bois, du contre-plaquée et autres matériaux de toutes sortes pour faire des travaux de rénovation sur la maison avec comme fidèle main-d'œuvre : Xavier et moi. Johann, le dernier de la famille, né l'année de la prise de pouvoir de Mitterrand avait la chance d'être encore trop jeune pour ça. C'est ça le désavantage d'être gosse, c'est d'obéir à ce que t'on dit de faire, et si possible sans brancher et avec le sourire. C'est mieux pour éviter les engueulades.

Franchement en ce qui concerne les corvées, la seule qui m'intéressait vraiment, était de donner à manger aux poules, qui avait leur quartier dans ce qu'on pourrait appeler une cage à poules, divisée en 2 parties : poulets adultes et poussins. Je restais de longs moments à les regarder se goinfrer de maïs et de purina 3ème âge. C'était un vrai spectacle pour moi du haut de mes 13-14 ans.

Puis, on s'est dit mon frère et moi que l'argent de poche qu'ils nous donnaient ne suffisait plus. Il nous en fallait plus pour satisfaire notre gourmandise, pour se délecter de ses frozen au coco, de ses floups au pina colada qui rafraichissait notre palet sous cette chaleur étourdissante. On décida alors de faire du commerce de bouteilles vides consignées qu'on ramassait aux alentours, et on stockait tout ce

« trésor de guerre » dans le garage à l'abri des regards indiscrets, et on attendait patiemment que le camion de ramassage de bouteilles fasse sa tournée mensuelle.

Le butin en poche, on ne perdait pas une seconde. On dévalait les sentiers rocailleux, les pentes escarpées à tombeaux ouvert au risque de se péter le tibia pour se rendre à l'épicerie la plus proche qu'on appelait « les Josy ». Avec nous, il ne connaissait pas la crise. Il tournait à plein régime leur petit commerce, car j'y inclus les fois où ma mère nous envoyait faire des petites provisions, comme quelques oignons pour faire sa « sauce chien » qui accompagnait ces bonites grillées à petits feux avec des braises de charbons de bois. A l'époque je l'appelais la « sauce verte ». Vous vous demandez peut-être pourquoi ?

On devait aussi des fois lui ramener son indispensable boite de « kub or » qui était essentielle pour son fricassé de poulet ou pour mettre dans ses haricots rouges.

2-ADLESCENCE POST-ADOLESCENCE

Dans cette période charnière où le corps change, où l'on se pose mille et une questions, il y'a différentes phases de changements auxquelles on doit faire face. Il y'a une ouverture plus significative sur les choses qui nous entoure, et surtout une recherche d'identité.

Lorsque je suis arrivé en Guadeloupe, je rentrais en 5ème au collège courbaril de Pointe-Noire. J'ai eu quelques difficultés d'acclimatation au début, et se faire de nouveaux amis pur moi, adolescent chétif et timide n'était pas chose aisée, surtout lorsqu'on arrive dans une sphère inconnue. Dans la cour d'école, tu entends tous tes camarades parler en créole forcément ça fait un peu bizarre au début.

Mlle Toribio, ma prof principale et accessoirement prof de français qui connaissait un peu mes problèmes d'adaptation au départ m'avait pris sous son aile. J'étais devenu son chouchou. Et dans le regard de mes petits camarades, on voyait poindre cette petite pointe de jalousie non dissimulée. Mais ce dont je n'avais pas prévu est que cet attachement pour elle s'était transformé en sentiment. La raison avait pris possession de ma conscience à temps partiel. Le reste du temps, j'étais sous le charme. Elle avait cette façon un peu maniéré de se mouvoir, de s'habiller avec sa jupe sexy au dessus des genoux. Un style très glamour sublimé par une coiffure aux ondulations divines. Cela rendait tous les mecs de la classe complètement fou. Dans son cours, l'œil aux aguets, on prenait tous possession des premiers rangs, et derrière son bureau ouvert, elle croisait et décroisait les jambes inlassablement, avec grâce et délicatesse. Cette douce symphonie érotique, nous transportait, âme damnée, vers le cerbère de la luxure. Sharon Stone, dans « Basic Instinct », n'est qu'une pâle imitation à côté.

L'avantage quand tu es le chouchou de la prof, est que tu tapes des bonnes notes sans faire grand-chose. Je me faisais inviter à recevoir un 14 à l'oral sans jamais participer. Le comble me direz-vous ? Non, pas pour elle, mais pour mes petits camarades qui eux le prenait très mal, il fallait faire profil bas. Et quand elle sentait poindre un début de mutinerie, elle sortait sa botte secrète qui mettait tout le monde d'accord. Avec sa voix glamour, elle rappelait à bon entendeur que les récitations comptaient pour l'oral et que j'étais le meilleur dans cet exercice de style. Cette explication inattaquable refroidissait d'un coup l'assemblée et sonnait le glas de toutes protestations, et moi je jubilais…de l'intérieur.

Ce qui me dérangeait, c'est qu'une rumeur disait qu'elle se tapait plein de mecs, mais je préférais gardait cette belle image d'elle. Cette image de sensualité et de glamour à la Marilyn Monroe.

Elle avait de surcroit certaines valeurs morales, et des facultés de dons de soi. Ce n'était certainement pas un hasard si elle s'était proposée pour porter secours au réfectoire à un demi-pensionnaire qui avant un dombré resté coincé dans la gorge.

Mais le plus saisissant à « Courbaril », c'est le jour de la rentrée où je découvrais avec étonnement un petit camion bleu, ressemblant à modèle Citroën de l'avant guerre, garé en plein milieu de la cour. J'ai tout d'abord cru à un véhicule qui attendait d'être dépanné, mais mon hypothèse si plausible soit-elle fut balayée d'un revers de main, lorsqu'à la récréation, je voyais tous mes camarades se précipiter comme un seul homme vers cet objet roulant non identifié et revenir avec des sandwiches long comme mon bras, des floups, et autres douceurs rafraichissantes plus qu'appréciable pendant ses fortes chaleurs de carême. Un marchant ambulant dans une cour d'établissement scolaire. J'en revenais pas, portant je croyais déjà avoir tout vu.

Tout l'argent de poche que me donnait mon père qui marquait leur présence dans mes poches gonflées par un bruit sec et métallique, à chaque mouvement effectué, prenait du coup, une considérable importance. Je m'en donnais à cœur joie avec ces fameux sandwiches au foie ou aux saucissons qu'elle faisait si bien. Parfois, je me risquais à en prendre un aux maquereaux quand j'avais des chewing-gums molli par la chaleur et qui avait trouvé refuge dans mes poches pour parer à toutes éventualités d'une haleine douteuse.

Je passais 3 ou 4 années a Courbaril. Après ma 3ème, on m'orienta vers une filière bureautique, et j'avais la désagréable impression qu'on ne prenait pas trop en compte mes choix et mes envies personnelles. Voilà un exemple flagrant des zones d'ombre de l'Education Nationale. L'orientation et tout ce que cela implique pour son cursus futur, voir tout ce qui en découlera lors de sa vie active, n'est pas toujours bien expliqué. D'une certaine manière l'ado de moins de 15 ans, n'a pas une vision complète et une compréhension optimale de la vie et de sa vie, de l'exploration de son choix de carrière et donc par transition de l'orientation et de la vie dont il est le plus à même de choisir.

Il n'y a pas si longtemps, mon frère Johann avait lancé ce débat avec aurélie, sa fiancée et moi-même. Et, il regrettait qu'il n'ait pu prendre la voie qu'il désirait vraiment. La faute à une mauvaise information, et des décisions de l'appareil éducatif non adaptés.

Pour ma part, je pense que l'Education Nationale n'a pas fait sa mue avec l'évolution de la société, en prenant en compte la recherche d'identité et l'acquisition progressive de l'autonomie de l'adolescent.

Si ça tenait qu'à moi, j'œuvrerai pour une réforme globale. Toutes les structures, les plus ancestrales de l'Education Nationale sont à revoir. De cette machine à broyer nos rêves et nos espoirs, j'aimerai qu'elle se transforme comme le haut lieu vers la connaissance de soi, de l'ouverture vers la spiritualité, d'une mise en exergue des valeurs morales avec des cours d'éducation civique, d'accès à la richesse intellectuelle et au travail que nous offre cette société en pleine mouvance.

Je passais 2 ans au lycée « Gerville Réache ». Je ne voulais pas être interne car ma nature m'oblige à préférer la chaleur paisible d'un foyer, donc je fus hébergé chez ma tante Suzette dans une petite maison en bois, certes un peu rustique qui faisait très couleur locale. Elle et son mari étaient au petit soin pour moi, et ses deux filles, mes cousines Linda et Bénédicte m'adoraient. Quand je me réveillais le matin, j'avais déjà mon p'tit dej qui m'attendait sur la table. En rentrant, le soir des cours, La TV m'était réservée sur la chaine adéquate avec mon feuilleton préféré à l'époque « V ».

En cours, ça se passait plutôt bien, mais pas pour une prof, une jeune stagiaire, qui étais recrutée en tant que remplaçante de ma prof de français. Un prof sans autorité, on le sait tous est un prof « mort ». Croyez-moi, on lui a mis la misère. Le regard hagard, je l'entendais s'égosiller dans un brouhaha incessant, les larmes coulant sur ses joues rougies. J'avais de la peine pour elle et des fois des remords contrairement à mes camarades de classe. Le regard affolé, perdu dans cette fournaise incandescente et incontrôlable, elle essayait de reprendre une posture sereine, ravalait sa salive, séchait ses larmes discrètement avec son mouchoir en satin pour reprendre un semblant de contrôle, mais ses bonnes intentions, sa persévérance n'étaient que chimères et illusions perdues.

Elle a du rester 15 jours, et on a plus entendu parler d'elle. Mais il y avait aussi certain cours que je « snobais ». J'avais certaine dispositions et de facilités en math, donc, lorsque je savais qu'on allait aborder un nouveau chapitre, qui selon toute vraisemblance n'allait pas générer chez moi un élan d'allégresse et de jubilation, j'allais de préférence avec mes 2 potes, un saintois et un désiradien, errer dans le quartier du Carmel sur la colline du Galion à l'entrée de la ville, et se poser au « fort Delgres ». Le plus beau fleuron du patrimoine architectural militaire de la Guadeloupe. Un monument hautement symbolique, car il fut un des hauts lieux de la résistance des guadeloupéens au rétablissement de l'esclavage en 1802.

Je restais en contemplation devant toutes ses merveilles : La Fontaine, la Citerne, la petite et la grande poudrière. Je m'asseyais, l'esprit au repos aux environs du corps de garde. L'air iodé m'enivrer de plein fouet, le regard mélancolique sur la mer en contrebas. Mes rêveries vagabondaient vers des pensées positives comme : « Ne te contente pas de réfléchir, laisse ton cœur danser, chanter, et rire » ou encore « c'est avec ses propres mains que l'on construit son destin ». Je me posais une foule de questions sur moi-même. Mon esprit torturé avait passé un cap de maturité du collège au lycée. C'était indéniable.

La deuxième année, je disais au revoir à Baillif, pour poser mes bagages : « rue Chevalier St Georges » chez ma grand-mère maternelle à Basse-Terre, le chef lieu de la Guadeloupe. Je n'avais plus de bus à prendre, en revanche, je faisais beaucoup plus de kilomètre à pied. Monter 2 fois par jour la pente interminable pour se rendre chez mes grands parents n'était point une partie de plaisir. Au terme de l'année, j'avais les jambes musclées, aussi dures qu'un jambon de Bayonne, et quand j'arrivais en haut de la côte, mon visage ruisselait comme un frigo en dégivrage.

Pour ma 3ème année à Gerville Réache, j'ai du faire 2 ou 3 jours de cours avant que des évènements importants viennent soudainement troubler ma quiétude. Des problèmes familiaux, plus précisément orienté vers le haut giron parental, ont précipité notre retour en France, ma mère, mes deux frères et moi. J'étais sur le coup, un peu déconcerté, car c'était un virage à 180 degré pour le moins subite, et assez inattendu...enfin pour ma part du moins.

En disponibilité jusque là, disposition que seuls les fonctionnaires peuvent bénéficier, ma mère avait décidé de reprendre son poste à l'hôpital de Blois en tant qu'ASH (Agent Service Hospitalier), et en attendant qu'elle trouve un logement là bas, nous a confié à son frère, notre oncle charlyn, qui nous a gracieusement hébergés pendant quelques mois. Il avait un joli 3 pièces, un peu spartiate au niveau ameublement, mais au moins ça nous faisait plus de place pour installer nos duvets.

J'étais un peu irrité au début, de devoir me taper une deuxième inscription dans l'année dans un lycée complètement inconnu, où je ne connaissais forcément personne. Et le pire est que le lycée « Jean Jacques Rousseau » situé sur les hauteurs de Montmorency n'était pas tout proche. Chaque matin, je devais m'astreindre à mon petit périple quotidien. Prendre un bus jusqu'à la gare, ensuite le train jusqu'a Enghien les bains et le bus une deuxième fois jusqu'au lycée à Montmorency. Je me souviens du premier jour, où le proviseur m'a regardé droit dans les yeux et m'a dit : « Guillaume il faudra que tu mettes les bouchées doubles », et le CPE a surenchérie en disant : « non, il faudra qu'il faudra qu'il mette les bouchées triples ». Ils avaient le don de me mettre en confiance ces deux là...

Tout ce chamboulement, avec l'hiver qui pointait le bout de nez, croyez moi, ce n'était pas triste. J'ai même regretté pendant un certain temps d'être venu, mais de toute façon, je ne pense pas qu'elle m'aurait laissé le choix. Des moments pas toujours faciles certes, mais mon oncle que j'appelle aujourd'hui de manière triviale : « ti-cok », s'occupait bien de nous, s'assurait qu'on ne manque de rien, et surtout nous aidait à faire nos devoirs...enfin à 2 d'entre nous, car Xavier, je n'ai pas souvenance de l'avoir vu, ne serait-ce qu'une fois, ouvrir un manuel scolaire, mais il s'en sortait quand même au niveau des notes le bougre...

On est resté quelques mois, puis on a rejoint ma mère à Blois dès qu'elle trouva son appartement.

Je changeais de lycée pour la 3ème fois de l'année, pour me poser cette fois au lycée « *Sonia Delaunay*. J'avais l'impression d'être devenu un lycéen itinérant avec des repères évaporés dans la nature.

A la fin de l'année, on peut admettre naturellement que j'ai eu un parcours assez atypique, car j'ai par la suite pris des cours par correspondance dans la gestion commerciale, puis travailler à temps partiel dans une association culturelle sous la tutelle de la direction de la Poste, et à la fin de mon contrat de 12 mois, j'ai pris la direction du « Grand Est ». Mon incorporation au service militaire s'est faite à Mailly le Camp. Le 1er jour, tous mes camarades sont sortis de chez le coiffeur avec une coupe de skinhead. J'ai même cru qu'ils allaient tomber dans les pommes lorsqu'ils voyaient leur tête dans le miroir, et on voyait poindre une tristesse non feinte sur leur visage poupon de 17 ou 18 ans pour la plupart. Moi, j'en avais 21, mais curieusement, ils m'ont à peine tondu. J'ai bien vu que le coiffeur de circonstance était un peu embarrassé au moment de s'adonner à sa tâche délicate, et il ne fallait pas être devin pour se douter qu'il n'avait jamais passé une tondeuse sur des cheveux crépus avant.

Là, forcément, on rentre dans un autre monde. Le réveil à 5 heures du matin au son strident du clairon. Ca c'est le petit plus, la cerise sur le « Mac Do » de ce séjour en chambre 5 étoiles. Enfin, 5 étoiles en dessous de zéro, car il faut les vivre ces moments sympathiques à être entassés à 10 dans une chambre de 8 mètres sur 8. On avait une demi-heure pour se raser, se laver et s'habiller avant de se rendre sur la place d'armes, et faire les bonjours avec les « garde à vous » tous les 5 secondes, puis d'entonner « une Marseillaise » qui vient des tripes, et de commencer à marcher en rang serré comme des robots en faisant le tour du camps. Certains même se faisaient rebaptisés « Robocop » car les sous-officiers les trouvaient trop raides, trop crispés.

Mais fort heureusement, les classes qui ont quand même le mérite de t'endurcir ne duraient qu'un mois. A la 4ème semaine très précisément, on met son plus beau treillis, et ils procèdent à ce qu'ils appellent la « ventilation ». C'est-à-dire qu'après t'avoir transféré dans un nouveau camp, celui de Suippes dans la marne en ce qui me concerne, on te délègue un poste que tu occuperas pour les 9 mois restant en rapport, il va sans dire, avec ton cursus scolaire. Moi, j'ai été affecté en tant que secrétaire-comptable au *Service Technique*. J'avais mon propre bureau, mon ordinateur, et même une chaine Hi-fi avec laquelle j'écoutais mon « Zouk Love » pour décompresser un peu. Dès mon arrivée, je me rendais compte du changement radical de rythme avec les classes. Te traiter comme de la merde, marcher comme des robots télécommandés, et obéir aux ordres sans répondre ! Tout ça c'était bien fini. Là, c'était le « *Club Med* » toutes proportions gardées par rapport au mois de classe. Le seul inconvénient : avoir une caquette constamment vissée sur le crâne, et se contenter d'une solde de 560 francs/mois (ou 85.49 € exactement pour les puriste de la monnaie européenne). Je considère que vous pensez comme moi. C'est fou à quel point on pouvait être gâté avec nos revenus de ministre. Le seul moyen d'augmenter sa solde était de faire des « manœuvres », loin du camps à battre la campagne avec un sac de 15 kg sur le dos, en faisant des marches de 40 km, sous la pluie, la grêle, le vent, et des fois même la neige. Là, le fameux « travailler plus pour gagner plus » prenait tout sens à l'époque. Après la marche, quand tu n'arrivais même plus à mettre un pied devant l'autre, il fallait encore monter son bivouac avant la nuit et faire un feu. A coté « *koh Lanta* » pour moi c'était du café crème ou du sirop d'érable.

D'ailleurs ce n'est pas un hasard si j'ai pris 8 kg de muscle durant ses 9 mois.

Après avoir monté sa tente et allumer le feu, vient l'heure de casser la croute. On sortait alors nos fameuses rasquettes de l'armée : une ration de combat individuelle de l'ONU pour tenir 24 heures en milieu hostile, contenant en outre des biscuits « durs » que même un chient errant n'aurait pas voulu et qui pouvait te péter une dent à chaque fois que tu t'aventurais à croquer dedans. Dans ces cas là, lors des nombreuses averses, on les laissait s'imbiber d'eau de pluie pour qu'ils soient plus digestes.

C'est pendant une de ses nombreuses manœuvres que j'ai eu la fierté d'avoir fait le « stage initiation commando » avec des ateliers assez divers tels que : l'escalade, la descente en rappel, le franchissement vertical, et le très étonnant « village de combat » grandeur nature fait de rues, de carrefours et d'habitations en ruines, un Bagdad en temps de guerre pour se mettre en situation réelle de combat.

Franchement, la nouvelle génération ne sait pas ce qu'elle rate…

Nous somme de plein pied dans les années 90, qui marque l'amorçage de l'internet et l'engouement pour les nouvelles technologies avec le boum des « start-up », un grand nombre de pays se convertir au libéralisme et La New Wave s'effacer au profit de la House, de la Techno et de la Trance. C'est la période aussi où je commence à supporter mon club de cœur : Le PSG, qui est la propriété de Canal + à l'époque. Elle marque l'arrivée de joueurs de premier plan, avec plusieurs titres majeurs remportés dont le point d'orgue est la Coupe de Coupes en 1997. Le PSG est pour moi plus qu'un club : c'est une institution connu dans le monde entier.

A la sortie de mon périple militaire c'était l'occasion pour moi de reprendre les cours en Bac Bureautique à La Providence à Blois. Un établissement privé, où j'ai intégré la classe qui m'a le pus marqué dans ma vie. Il y régnait une super ambiance, et j'ai tout de suite été adopté par mes autres camarades. Là j'ai rencontré mon plus fidèle ami : Seb. Il y a vraiment des liens forts entre nous, car on a vécu pas mal de choses ensemble, beaucoup de moments inoubliables, dont quelques moments épiques passés au

« Scoop ». Cela fait maintenant près de 13 ans que notre amitié perdure.

Je le connais sur le bout des doigts comme mon propre frère. J'y ai aussi connu Annick, celle qui fut ma meilleure amie durant des années, et avec qui je partais souvent en vacance l'été. Pour ceux qui pensent encore que l'amitié entre un homme et une femme est impossible, ils sauront maintenant que j'en suis la preuve vivante. Malheureusement, lors de mon exil pour 2 ans à Calais, on s'est un peu à peu perdu de vue, et à mon retour, elle avait déménagé, et j'ai perdu tout contact avec elle. Ce qui m'attrista énormément.

DESTIN
SENTIMENTAL

Il y a plusieurs faits ou « d'emprises négatives » qui ont fait que jusque là ma vie amoureuse et sentimentale était très contrastée.

Plusieurs femmes ont compté dans ma vie. Un certains nombres ont transformé mon existence d'une certaine manière, à des degrés plus ou moins positifs, mais seulement 3 figurent parmi celles dont j'ai vraiment aimé.

Sur un indice de 10 de plénitude amoureuse, il y a 2 jours d'intense bonheur, 3 jours d'électro-encéphalogrammes plats et 5 jours de cauchemar et de désordres alternatifs. La plus représentative de tout ça est Julie. Avec elle, le courant de la zénitude et du bonheur était d'un jour à l'autre jamais au même voltage. J'ai assumé toutes mes erreurs, car il est vrai que je n'étais pas assez présent, et que mes colères étaient parfois à l'excès, lorsque je me sentais trop fliqué, ou que son coté possessif prenait le pas dans la relation. On tombait alors dans une spirale négative.

J'ai trouvé alors un réconfort, plus qu'une échappatoire auprès d'Aurélie Bigné. Julie pouvait penser que je n'étais pas tout à fait honnête avec elle, et de ne pas admettre que je ne trouvais plus mon bonheur dans cette relation, mais la situation était devenue inextricable. Sans vouloir me dédouaner, sans l'apparition d'Aurélie dans ma vie, je serai devenu fou, ou du moins titiller la frontière de la folie, car ma vie infernale était devenu un amas de fils emmêlés l'un dans l'autre.

Avec Julie qui m'aimait sincèrement, la relation se résumait à un amour exclusif, un amour destructeur qui se consumait de l'intérieur, comme un bâton de dynamite qui brulait par les deux bouts, et d'où l'on risquait l'explosion. Avec Aurélie, au contraire, on avait l'impression qu'il fallait juste un regard pour qu'on se comprenne. Elle lisait en moi comme dans un livre ouvert avec des gros caractères, et savait ce dont j'avais besoin sans même que je dise quoi que ce soit. Elle me mettait sur un pied d'estal, un demi-dieu pour elle qui pouvait marcher sur l'eau. On était toujours en phase tous les deux, et surtout on avait les mêmes envies, la même façon de voir les choses, le même idéal. C'était tout simplement mon âme sœur, un amour passionnel, le genre d'amour, qui à mon avis, on ne vit qu'une…voir 2 fois dans sa vie. Un amour de magnitude 10 sur l'échelle de cupidon. Un amour qui se déversait en abondance sur la place d'un sentiment de joie où s'érigeait fièrement l'étendard de la passion et de l'exaltation suprême.

Le problème est qu'elle voulait quitter Liffré, une petite commune près de Rennes pour vivre avec moi. Ce que je trouvais un peu précipité d'autant que Julie, elle de son côté cherchait par tous les moyens à vouloir nous donner une seconde chance. La pression familiale difficilement supportable à ce moment là, ainsi que le père d'Aurélie qui me mettait des bâtons dans les roues. Lui, s'il aurait pu me planter un crucifix dans le bas ventre il l'aurait fait. J'avais de ce fait décidé de ne faire aucun choix et voir comment les choses évolueraient. Ca, je pense que ça été la plus grosse erreur que j'ai pu faire. Aurélie l'ayant très mal pris, s'est décidée sur un coup de tête je n'en sais rien, où peut-être même par vengeance à s'intéresser à un autre...un égyptien rencontré en boite.

La morale dans cette histoire est qu'Aurélie la bretonne, je l'ai peut-être rencontré trop tôt ou trop tard, et pour Julie la normande, je n'étais peut-être pas assez amoureux d'elle pour lui offrir tout ce dont elle attendait de moi, et d'être arrivé à saturation d'une relation trop compliqué.

Lorsqu'elle retourna au Havre chez ses parents, après la fin de son contrat à La *Maison De Valérie*, j'ai cru qu'on était resté en bon terme, car nos rapports s'étaient pacifiés lorsqu'elle décida de loger dans son propre appartement, pour se voir même amicalement de temps en temps. Mais lorsqu'elle retourna chez ses parents, elle ne me donna plus aucune nouvelle, et connaissant très bien ses rapports avec sa famille, il est évident que leur influence était passée par là !

Elle était tellement sous l'emprise de ses parents que lorsqu'elle fut enceinte de moi, 14 mois après notre rencontre, ils l'obligèrent à mettre un terme à sa grossesse, prétextant qu'elle devait terminer ses études de gestion avant. Moi, je n'avais pas mon mot à dire. Ce fut l'un des moments les plus traumatisants de mon existence...

Arrivée dans sa Normandie natale, il était impossible de la joindre. Je pense qu'elle avait changé de numéro de portable. Quelques semaines passèrent lorsqu'à mon grand étonnement, c'est Fati, sa meilleure amie qui vint me parler par le biais d'un logiciel de messagerie instantanée. Une sénégalaise qui n'est autre que la sœur du célèbre footballeur, attaquant de l'Olympique de Marseille : Mamadou Niang !

Mon premier réflexe était de lui demander des nouvelles de Julie, mais elle me rétorqua d'un ton ferme qu'elle avait décidé de prendre ses distances avec moi, et qu'elle allait bientôt se marier avec un marocain rencontré dans un *Club*

Med. Je restais transi, figé sur moi-même. Il est vrai que c'est une femme qui a l'art du contre-pied, mais pour moi, dans cette histoire, il y avait encore quelques zones d'ombre. Ce mariage ce fut en 2007, et une petite fille naquit de cette union

De l'ombre, encore et encore, l'abysse dans laquelle j'étais tombée paraissait être sans fond. Un gouffre où bassesses, perfidies et vilenies régnaient en maître dans un clair obscur. Il me fallait remonter à la lumière, rouvrir les yeux vers un nouvel ensoleillement, une luminescence vers de nouveaux horizons. C'est alors que j'ai commencé à enchaîner plusieurs rencontres par le biais d'internet : Sandrine de Paris, Cléo et Mylène d'Orléans, Marie, Vicky et Anaïs de Blois, Kelly et Emilie de Vendôme, Fabienne de tours, Camille et Alice de bordeaux, et quelques autres dont j'ai oublié le prénom ou ayant eu moins d'attache comme par exemple cette fille qui m'a appelé par erreur sur mon portable, puis trouvant ma voix sexy selon ses propres mots, resta accroché avec moi au téléphone près d'une demi-heure pour mieux me connaitre, puis la semaine qui suivit fit Paris-Blois pour se rencontrer. C'est le destin de ma vie sentimentale, car il y a toujours des choses étonnantes et insolites qui m'arrivent. Même quand je choisis délibérément de rester seul pour faire le point ou pour mettre de l'ordre dans ma tête, il arrivait toujours une rencontre fortuite. Dans l'ensemble, je captais assez vite leur attention, en évitant les longs discours, et en mettant en avant mon coté romantique. Elles adorent çà, matinée d'un zeste de mystère. Je « manœuvre » les mots comme un cow-boy manie son pistolet, avec une vision poétique et épicurienne de la vie qui en rejaillit dans mes rapports avec elles. En effet, j'aime user des mes acquis en littérature et dans la poésie pour les mettre en émois et d'entrer de plein pied dans leur inconscient mais toujours avec beaucoup de sincérité, d'attention et de sensibilité. Pour la plupart de ces filles rencontrées à partir du net, j'avais un doute sur la véracité de leur dire, en particulier sur leur âge, où j'avais l'impression que certaines utilisaient encore le calendrier aztèque.

Toutes ces rencontres n'ont pas été très constructives, il est vrai, mais ça m'a permis au moins d'éviter de broyer du noir après l'épisode douloureux de Julie, et aussi pour essayer de ne plus trop penser à Aurélie, chose encore impossible aujourd'hui 6 ans après, surtout quand tu as une belle-sœur qui porte le même prénom. Il faut parfois des rencontres un peu légères pour se redonner une assurance, pour retrouver petit à petit le gout d'aimer. Lorsque j'ai mis les deux pieds à l'étrier, « mon cheval de cœur » me guida vers de nouveaux horizons, trottinant sur des chemins escarpés, traversant les montagnes, la mer, le désert, les océans, il s'arrêta à Vendôme chez une mère de famille. Nadine (que je surnommais Nad) m'avait repéré éreinté sur ma monture. Elle trouva chez moi zénitude, réconfort et exotisme, et moi le point de départ d'un route éclairée de nouveaux horizons.

Mais il y'avait un problème de taille, un problème insoluble comme de la résine dans un verre d'eau. Notre rencontre s'est faite 2 semaines avant mon départ pour Bordeaux. J'ai omis de lui révéler dès le début ce détail important de peur de « tuer le poussin dans l'œuf ». Mais comme je commençais à m'attacher à elle, je devais me vêtir de mon honnêteté légendaire. Elle accusa un peu le coup, mais ne se démonta pas pour autant, et pris une posture rassurante pour me confier qu'il était possible de poursuivre cette relation malgré les 400 km qui nous sépareraient.

Malgré le fait qu'elle venait me voir régulièrement à Bordeaux, une relation à distance, et là, je pense qu'il faut arrêter de se voiler la face, est assez contraignante, pas toujours facile à vivre. D'autant que le spectre de l'infidélité plane sur nos têtes dans ces cas là. Elle ne m'avouait que très rarement ces craintes, mais le ton de sa voix révélait une inquiétude évidente. Mais le vrai problème est qu'elle ne pouvait m'offrir une chose importante à mes yeux : un enfant !

Et pour une mère de famille de 38 ans, avec 3 gamins, cette idée était inconcevable. On peut très bien s'arrêter à un cul de sac et contempler des mouettes, mais je devais reprendre ma route à double voie où l'itinéraire de mes objectifs n'était pas encore atteint.

La chose que je recherchais par-dessus tout, Ingrid pouvait me l'offrir, car elle le désirait autant que moi, et du haut de ses 21 ans, elle avait déjà un but bien arrêté et une projection de la vie de couple assez concrète. Ce qui me surprenait par rapport à son jeune âge. Mais, justement, de son jeune âge, elle en avait les atouts, mais aussi les défauts. Elle avait encore des doutes sur elle-même, et surtout de tirer un trait sur sa relation passée. J'avais l'impression parfois qu'elle voulait faire le grand saut, mais avait peur de ne pas retomber sur ses 2 pieds, et qu'au bout des pieds, qu'elle n'avait plus d'orteil, mais des ergots. Donc, qu'elle pouvait vaciller à tout moment. Je ressentais chez elle une instabilité mentale assez palpable.

Quoiqu'ayant un bon fond, et étant plutôt agréable, lorsqu'elle avait l'esprit en paix, son manque de souplesse et son côté un peu psychorigide était aussi un frein à notre relation. Elle avait un mode de fonctionnement très spécifique. J'avais l'impression que pour elle, la vie était soit noire ou teintée de blanc, mais qu'il n'avait rien au milieu, qu'il n'y avait aucune nuance ou dérivé de gris. Sous son assurance affichée, se cachait, en réalité, une grande fragilité. Dès lors, et même s'il y avait un amour naissant entre nous, ses rapports complexes et ambigus avec son ex petit ami, son désordre intérieur, son manque de confiance en elle parfois, n'admettaient aucune suite favorable entre nous.

A l'heure où j'écris ce livre, elle a accouché d'une petite fille avec cet ex qui était revenu apparemment dans ses bonnes grâces, mais m'a appris depuis qu'elle n'était plu avec lui...quelle ironie !

Après, d'innombrables querelles, nos rapports se sont apaisés, pour prendre une forme aujourd'hui amicale...enfin amicalement amoureuse. Nos rapport se complaise décidemment dans la complexité, mais une chose est sure, c'est qu'elle est une des seules ex avec qui je sois resté en bon terme et dont je reste le confident.

J'ai mis le cap de l'aventure amoureuse vers l'est, avec Laetitia. Une plantureuse blonde qui habitait près de Metz. Je pensais que notre relation prenait un peu plus de poids, avait un peu plus de lisibilité lorsqu'elle venait passer des petits séjours avec moi à bordeaux, mais je la sentais ailleurs, parfois complètement absente. La raison est qu'elle avait un cancer du col de l'utérus, et elle n'a pas osé me l'avouer tout de suite forcément. C'est un cancer sexuellement transmissible de type HPV (human papilloma Virus) d'un type particulier « dit à haut risque ».

Quand elle était avec moi à Bordeaux, j'essayai de la réconforter, de la soutenir au maximum de mes possibilités, mais outre la maladie, je la sentais s'étioler, décliner mentalement. Par moment, je m'en voulais presque, car je voulais tellement contribuer à ce qu'elle aille mieux, au moins mentalement. A Metz, complètement démoralisé, elle ne me donnait de moins en moins de nouvelles. Puis, quelques semaines après, quand je l'appelais, elle ne me répondait même plus.

A l'heure actuelle, je n'ai plu aucune nouvelle, mais j'espère que son traitement est concluant, sachant que sa rémission est en cours.

J'ai omis volontairement dans cette chronologie sentimentale de parler de Valérie. Je l'ai connu à mon retour de Calais, à un moment où je n'allais pas très bien, mais avec elle ça été le début d'une longue descente aux enfers, ayant même évité le pire le jour où elle a voulu m'écraser un synthétiseur sur le crâne lors d'une énième dispute. Heureusement d'une habile esquive j'ai su éviter cette attaque frontale et aussi qu'une série d'étoiles évite de faire leur manège enchanté autour de ma tête.

A l'heure actuelle, je ne veux plus de rapport avec une française (de métropole faut-il le préciser...). C'est une des choses auxquelles je ne dérogerai en aucun cas. Avec l'expérience de toutes ces péripétie, je sais ce que je veux, et surtout ce que je ne veux plus !

Je n'ai plus envie de possessives névrosées, de castratrices de séducteurs patentés, de psychorigides briseuses de rêves et de liberté qui agiraient sous infiltration chez les mormons ou dans la communauté amish de Pennsylvanie pour saborder leur gout pour la polygamie. Ce petit trait d'humour prouve quand même que j'arrive à relativiser tout ça, et à espérer des lendemains meilleurs.

Mais pour l'instant, je suis sur mon bateau qui a perdu son gouvernail et qui erre au gré des tempêtes de l'amour avec en point de mire le phare de l'apaisement d'une certaine personne qui prend du poids dans ma vie...

LA FAMILLE

La famille est la clé de voute de mon existence, clairement la chose la plus importante, la plus sacré. Mais les liens qui t'unissent à ta famille ne sont pas seulement des liens de sang, mais aussi celui du respect mutuel, de l'enchantement et de la réjouissance quotidienne.

J'ai une vision assez sicilienne de la famille. Je ne me la joue pas « Mickael Corléone », auquel on fait du baisemain dans la pénombre d'une pièce, dont la fenêtre blindée donne sur un champ d'olivier. Néanmoins, pour moi c'est un clan uni qu'aucun maléfisme, aucune force extérieure ne peut ébranler. Lorsqu'un d'entre nous se trouve en difficulté, les autres s'unissent autour de lui, et continuent de fortifier l'édifice, pour que le bastion familial soit à jamais imprenable.

Dans cette famille, il y a un personnage central et incontournable à mes yeux. Il s'agit de ma mère. Elle a toujours été là pour me guider dans les différentes étapes de ma vie, toujours là pour m'aider à gravir les différents paliers de mon existence. Elle est présente et à l'écoute de jour comme de nuit, lors des moments de doutes, des périodes difficiles, mais aussi lors de moments non moins redoutés des chagrins sentimentaux. Même s'il arrive quelques fois, lors de contexte un peu particulier, qu'on soit un peu moins réceptif à ses conseils, une mère choisira toujours la voie qui sera la mieux appropriée pour notre bien être. En tant que confidente, tout ce qu'elle ne sait pas sur moi pourrait tenir sur un timbre poste, pas le timbre de collection, non le petit timbre rouge floqué d'une *Marianne*. Elle est retournée en Guadeloupe depuis qu'elle a pris sa retraite anticipée et il est évident qu'elle me manque beaucoup. Ne pas la voir très souvent est un peu problématique pour moi et aussi pour mes 2 frères je pense. Le fait, par exemple de passer les fêtes de noël sans elle n'est pas tout à fait pareil. Mais, ma pudeur et mon orgueil légendaire inhérent à jamais de mon « moi profond » me refrène à tout élan de sentimentalisme primaire et forcené envers ma mère, mais aussi mon père. Mais, je suis certains qu'ils ont pu lire en moi, l'amour écrit en lettre de noblesse et les liens fort qui nous unis, et qui restera pour l'éternité gravé en moi.

Dans la famille, comment occulter les 3 nouveaux venus. Mes 2 nièces et mon neveu sont pour moi un oasis, ou plutôt 3 oasis de bonheur.

Loann : Ma petite beauté hyperactive. A mon avis, ses parents ont dû cacher un caisson à oxygène dans sa chambre, car elle bouge, danse (en ayant déjà le rythme dans la peau), saute, court sans arrêt. Elle brasse beaucoup d'air en somme, mais elle est capable de rester concentrée de longue minutes devant « Dora l'exploratrice » qui donne le tournis à « Chiper le renard ».

Camille : elle c'est ma petite princesse. Elle est déjà très coquette pour son âge. Sa 6ème année déjà entamée, la conditionne déjà à prendre conscience de ce qu'il entoure, et de surcroît à me poser un tas de question, les plus diverses telles que : « tonton c'est quoi ton métier ? » ou encore « tonton ça veut dire quoi informaticien ? ». Mais plus tard, dans quelques années sans doute, je lui expliquerai ce qu'est un webmaster webdesigner qui est l'intitulé exact de mon métier. Elle, m'a dit qu'elle voulait devenir maitresse. La corporation qui fait en général rêver les petites filles de cette âge là, et puis c'est déjà mieux que son père, qui lui au même âge rêvait de devenir « laveur de vaisselle » selon ses propres termes. Ah oui ! Il serait crédible le « Xagnure » aujourd'hui à faire la plonge dans une arrière salle d'un resto chinois qui sert du sushi avarié. Mais rassurons nous, il a prit une toute autre direction en étant analyste d'exploitation dans une multinationale qui emploie près de 50 000 personnes à travers le monde.

Lény : lui c'est mon p'tit gars. Affectueux et très agréable, il me fait penser à moi quand j'avais son âge. Quand il joue, il s'invente sn monde, en jouant très souvent seul, avec ce petit coté MacGyver, à toujours rechercher le « pourquoi du comment » dans son principe d'amusement. Sur lui repose la charge en tant que seul mâle pour l'instant de la 3ème génération, de perpétuer le nom de « Guillaume » en attendant que le destin m'accorde à en avoir un.

Xavier et Johann, mes 2 frères, j'ai l'impression des les avoir vu grandir trop vite, et d'avoir été, à un moment donné dans un léger décalage avec eux, le conflit des générations sans doute. Ils ont désormais trouvé « leur case » dans l'échiquier de la société, lui Johann étant un commercial hors pair de la marque aux losanges, et moi j'essaie d'aiguiser mon rôle de grand frère dans un climat serein, avec des rapports qui je l'espère seront toujours au beau fixe.

Loann, Lény et Camille, j'espère pouvoir leur inculquer quelques principes de vie plus tard, sans me substituer à leurs parents qui je pense leurs transmettront des valeurs morales telles que : le respect, le patriotisme, le don de soi, l'honnêteté, la loyauté, la générosité, tout au long des différentes étapes de leur enfance et

adolescence, en portant avec fierté le nom :
« Guillaume »

Je veux avoir le rôle de pouvoir préserver la
famille, de protéger mes proches. Avoir un rôle
de « catalyseur » familial et de patriarche me
sied bien.

MA VIE AU PRESENT LA GENESE DE MES AMBITIONS

Il y a encore peu de temps, j'étais à un carrefour de ma vie. J'étais très attaché à la ville de Blois où j'ai vécu la majeure partie de mon existence. Mais trop de mauvais souvenirs, trop de vieux démons me collaient à la peau. Je ne pouvais plus me retrancher derrières des hésitations, où m'aventurer à l'aveugle sur des voies sans issus. J'avais besoin d'un nouveau souffle, d'une nouvelle orientation dans ma vie, d'une nouvelle dynamique...

C'est ainsi que je décidais de tenter l'aventure à Bordeaux au 2ème trimestre 2005. Il faut savoir faire des choix pour donner un nouveau sens à sa vie sociale, professionnelle, mais aussi sentimentale. Je me senti vite adopté dans cette nouvelle ville, ce nouveaux contexte, dans ce nouveau monde à la croisée des chemins.

Cela pouvait être un choix risqué au départ, car il faut très vite trouver des nouveaux repères, mais je me suis très vite familiarisé avec cette ville magnifique. J'ai eu la chance d'être tombé dans un environnement qui m'a permis de me sentir à l'aise dès le départ dans une petite résidence dans le cœur du centre ville avec un voisinage où régnait une vrai convivialité et de solidarité : Lolo, Amine, Ali, Jakob et Georges dont la faculté à changer de copine aussi vite que Lucky Luke dégaine avec son colt m'a toujours laissé un peu perplexe. La dernière fois que je l'ai connu célibataire, je crois que Marie Curie n'avait pas encore inventé le radium, et je le soupçonne aussi de fréquenter des filles dont le niveau intellectuel, pour la plupart, se limite juste à écarter les jambes. Mes voisins, pour la plupart étudiants, sont devenus de vrais amis pour moi et m'ont aidé pour mes premiers repères dans cette nouvelle agglomération. Une ville qui possède tous les atouts pour étancher ma soif d'épanouissement.

Elle est classée sur la liste du patrimoine de l'UNESCO en tant qu'ensemble urbain exceptionnel. Une métropole touristique et économique d'une grande richesse culturelle et historique considérée comme la capitale mondiale du vin, un des pôles universitaire les plus importants de l'hexagone (avec Paris, Rennes, Lille et Montpellier).

Baignée du doux ensoleillement de la façade atlantique, c'est la ville de la douceur par excellence. Je m'enivre depuis mon arrivée ici, avec délectation, du rayonnement, du dynamisme, et des richesses de la ville. Quelle plaisir de se rendre sur les lieux de la gastronomie : des grands restaurants du quartier St-pierre ou des Chartrons, en passant par les guinguettes sur le fleuve, et les bars à tapas.

Comment ne pas s'adonner aux multiples manifestations ? *Foire Internationale de Bordeaux* en mai, la *Fête du Vin* en juin les années paires, la *Fête du Fleuve* les années impaires, qui est le rendez-vous des gros navires, qui viennent des fois de très loin comme le Mexique, dans une ambiance champêtre avec concert, musique du monde, pique-nique géant et feu d'artifice sur la Garonne, les différents festivals du musique. Pour les plus de 16 ans, il y a évidemment l'incontournable *Salon de l'Erotisme* au « Hangar 14 » entièrement dédié au charme, aux plaisirs des sens – frissons garanties avec des exploits artistiques et des shows très hot !

Mais Bordeaux est une ville très excitante aussi pour ses ambiances nocturnes. Un Bordeaux « by night » ce n'est pas mal dans le genre. Je m'éclate souvent, dans le quartier des boites de nuit, et aux abords de la place de la Victoire pour ses soirée étudiantes qui concentre de nombreux bars de nuits et pub à thème.

De par ma nature, ma soif d'apprendre, et du désir de découverte, je m'enivre beaucoup de l'aspect purement culturel de la ville, avec les différents musées (musée des Beaux-arts, musée d'Aquitaine, musée des Arts décoratifs, muséum d'histoire naturelle, etc.)

Les différents monuments à visiter valent aussi le coup d'œil, avec le monument aux girondins haut de 43 mètres sur l'esplanade des Quinconces, le « Grand Théâtre », classé monument historique, symbole de réminiscence de l'antiquité qui est aujourd'hui le siège de l'Opéra National de Bordeaux, les différentes églises et cathédrales, la rue Sainte-Catherine (plus longue rue piétonne d'Europe et haut lieu du lèche-vitrine de ses dames).

J'aime aussi me prélasser dans les différents espaces verts qui sont légion ici, dont le fameux « Jardins Public » où petits et grands peuvent se détendre sur un jardin à l'anglaise, avec sa pelouse, sa pièce d'eau parsemée d'iles, ses statues, et sans oublier son carrousel qui fait la joie de nos jolie petites têtes blondes.

Bordeaux m'a aidé à me reconstruire dans un environnement et une quiétude qui ont favorisé une certaine reprise de confiance chez moi. Mais je voudrai revenir sur un fait qui s'est passé en décembre 2001. J'ai eu une altercation avec un de mes supérieurs hiérarchiques, lorsque je travaillais au S.A.V à Cora. Je n'ai pas aimé le ton condescendant qu'il a eu avec moi, et là si je n'avais pas repris le contrôle de moi-même, je lui aurai fait bouffer sa cravate. Voulant garder mon poste, car j'avais un loyer à payer, Je lui ai juste lancé un regard froid pour lui montrer ma « non soumission », un regard qui peut intimider n'importer qui dans tous les sens du terme : enjôleur comme destructeur, puis après qu'un silence infime avait régnait en mettre, je repris mon poste. Le fait de ne plus supporter les ordres d'un supérieur, d'être irrité par le fait de toujours faire ce qu'on te dit, d'être manipulé comme une marionnette accrochée à une ficelle est apparu comme une prise de conscience chez moi. C'est en partie pour cela que je m'étais dit que je créerai un jour ma propre entreprise, et je suis donc devenu un indépendant de la sphère du web. En outre d'avoir une certaine indépendance, vitale pour mon épanouissement, ce métier de webmaster-webdesigner, me permet aussi d'exprimer pleinement mon côté créatif, et de satisfaire aux besoins d'un grand nombre de personnes, et cet aspect du monde professionnel je le trouve gratifiant en ce qui me concerne.

Certains, à l'heure actuelle, pensent que je suis un privilégié. Je suis désolé de les contredire en affirmant qu'ils ne sont pas au bout de la vérité. Mon métier est pour moi une passion, un état d'esprit, un style de vie, sans doute un tremplin aussi, certes, mais ils ne voient pas la partie cachée de l'iceberg, sur lequel le navire d'un plan de carrière peut se briser en éclat. Le fait que je souffre d'insomnie en atteste. La nuit, quand je suis enfin couché vers 3 ou 4 heures du matin, j'ai la tête encore brulante, car mon cerveau est en constante ébullition et pourtant je ne suis pas sur le bucher de la société, mais c'est quand même Tchernobyl à l'intérieur. Quand tu es chef d'entreprise, indépendant ou en freelance, et quel que soit le domaine d'activité, tu dois tout gérer, tout anticiper et tu « joues » sans filet, car tu dois générer des liquidités sous peine de t'adonner à la brasse coulée. Ils sont très aléatoires d'un mois à un autre, mais permettent d'aiguiser le sourire de ton banquier, et des bureaucrates de l'URSSAF. Eux, c'est le genre à t'agrandir « l'arrière train » avec un gode parsemé de verre pilé, pour en laisser un trou béant, écarlate. Il ne se passe pas une semaine sans problèmes ou crises passagères, cumulés avec les tracas du quotidien. Mais cette vie, je l'assume car c'est moi qu'il a choisi, et ce n'est que le début de mon édifice.

A l'heure actuelle, j'ai plusieurs projets en gestation dans mon cerveau qui n'a jamais été aussi fertile grâce au bon terreau des gens qui croient en moi. En menant de front ma carrière dans la Net Economie, je souhaite m'investir dans des projets caritatifs et associatifs pour subvenir à des enfants en difficultés (en France, DOM-TOM et à l'étranger), des projets artistiques, avec l'ambition de créer un café-théâtre, dont j'écrirai moi-même les pièces. J'ai aussi en marge mes projets littéraires, avec l'écriture de nouveaux romans, et la création d'un cercle de poètes en herbe qui serai constitué en groupes de parole ou « ateliers débats ». Cela permettra d'établir les grandes lignes d'un nouveau courant dans la poésie. Une institution qui sera érigée à la manière de la « Pléiade » qui était rassemblée autour de Ronsard. J'ai décidé de passer à la vitesse supérieure et d'apporter ma contribution pour décomplexer un peuple écrasé sous l'étau d'une crise économique terrible, lié sous les chaines de la bureaucratie, enfermé dans la fracture sociale, baisse du pouvoir d'achat, plans sociaux, chômage, délocalisation, et dans des discours d'un président bling-bling pour te mettre de la poudre aux yeux, mais en attendant c'est la moutarde qui te monte au nez. Ceci n'est qu'un échantillon de tout ce qui m'exaspère dans ce bas monde. Le fait de faire comprendre aux jeunes qu'ils tiennent leur destin dans le creux de leurs mains, de tenir haut l'étendard qui sera la clé de passage vers le nouveau monde, une nouvelle ère plus juste est déjà primordiale en soit.

J'ai un regard vers l'horizon. Un regard résolument ambitieux où je suis en quête de gloire et de reconnaissance. Dans tout ce que j'entreprends, j'ai comme fil conducteur : mes parents. J'ai toujours voulu qu'ils soient fiers de leur fils ainé, car étant gamin, ils plaçaient beaucoup d'espoir moi.

Je veux, avec le sceau indélébile de mon obstination, laisser une trace dans l'histoire de l'humanité, marquer de mon empreinte le 21ème siècle.

...je veux conquérir le monde.

TO BE CONTINUED...

CONCLUSION
TEMOIGNAGES